EMILY DICKINSON

amor como los árboles

de la luna libros

1ª edición: octubre de 2025
© DE LA LUNA LIBROS
© MARINO GONZÁLEZ MONTERO
© Portada: José Paulete
© Diseño Gráfico: Marino González Montero

Impreso en España / Printed in Spain
C/ San Juan Bautista, 5
Teléf. y Fax: 924 31 60 00
Móvil: 659 00 37 94
www.delalunalibros.com
E-mail: marino@delalunalibros.com
06800 MÉRIDA

Depósito Legal: BA-517-2025
I.S.B.N.: 978-84-92847-96-9

Fotocomposición e Impresión: GRÁFICAS REJAS, S.L.
Avenida Sta. Teresa Jornet, s/n - nave 8. Mérida

EMILY DICKINSON

amor como los árboles

Marino González Montero

de la luna libros

DRAMATIS PERSONAE

UNA joven, luego Emily Dickinson.

OTRA joven, luego Susan Gilbert.

PRIMER ACTO

Del oscuro total, surge lentamente una luz muy tenue, que va dibujando los muebles y objetos que ocupan la estancia. A la izquierda, un escritorio pequeño, de época, de esos que llaman de riñón, sobre el que se encuentran unos papeles, un par de plumas, el recado de escribir, una esfera terráquea y un par de lámparas de alcohol encendidas. Al fondo, una maleta sobre un portmanteau junto a una mecedora muy robusta de madera y, a su lado, un pequeño biombo con telas decoradas con motivos florales con un vestido blanco encima. A la derecha, un maniquí sostiene otro vestido, este de color azul intenso. Sobre el suelo, una gran alfombra, muy desgastada por el uso, con un árbol seco pintado. Suena, de fondo, una música que bien pudiera ser un lied de Brahms.

UNA entra por la derecha en la habitación y empieza a escudriñar, muy lentamente, todos los elementos que allí se encuentran. Siguiendo la dirección inversa de las manecillas de un reloj se detiene en cada mueble, los toca, y respira profundamente como intentando captar la esencia de los objetos, lo que habrían sido para sus primeros propietarios, lo que encierra la madera, las maletas... lo que, en fin, en ella misma evocan. Finalmente, acaricia la superficie del escritorio y coge uno de los papeles. Acerca la luz mortecina de la lámpara para ver mejor y empieza a leer al tiempo que va bajando la música, que no desaparece por completo.

UNA: *(Titubeante al principio, como acostumbrándose a la letra).*

The Homestead

Amherst

24 de abril de 1880

Queridísimo Austin:

Aún no he recibido tu carta pero sé que llegará. Nunca se te olvida. Esta mañana fui a la habitación de mamá, como todos los días. Cuando abrí la puerta, me sorprendió verla, ya despierta, incorporada sobre la cama. Me recibió con una sonrisa y, al acercarme -no vas a creerlo-, empezó a cantarme el cumpleaños feliz. *(Leve pausa).* Con la voz quebrada, frágil, como la escarcha sobre las amapolas, intentaba alcanzar las notas más altas. Incluso llegó hasta la segunda estrofa. Entonces, levantó ambas manos para que se las cogiera con las mías. Al hacerlo, me resultó imposible no romper a llorar. Cuando me atrajo con fuerza hacia sí, me dijo muy quedo al oído: "Eres mi mamá... y voy a hacer todo lo que esté en mi mano para que seas muy muy feliz"... *(Larga pausa).* Después, nos fundimos en un abrazo rendidas a las lágrimas y luego...

Interrumpida por la entrada, también por la derecha, de OTRA.

OTRA: ¿Qué haces aquí? Te estaba buscando. *(Al ver que UNA está tan ensimismada con la carta, se acerca para interesarse. Intentando leer por encima del hombro de UNA).* ¿Qué es?

UNA: *(Se gira y se la enseña).* Una carta... de su puño y letra.

OTRA: ¿Tú crees que es la original? ¿Que no la habrán falsificado? Venga, vámonos.

UNA: Eso no importa. Lo importante es el documento.

OTRA: Eso es una copia, te lo digo yo.

UNA: *(Sin hacerle caso).* Que me da igual. *(Ilusionada).* Mira qué letra... Ya no se escribe como antes...

OTRA: *(Recriminándola).* Ni tampoco con pluma de... gansa... *(Incómoda).* Venga, déjala donde estaba, no sea que venga alguien...

UNA: *(Sigue ensimismada, leyendo de nuevo el final de la carta).* "Eres mi mamá... y voy a hacer todo lo que esté en mi mano para que seas muy muy feliz"... *(Larga pausa).* Después, nos fundimos en un abrazo rendidas a las lágrimas y luego...

Se interrumpe la música que sonaba de fondo y se oye una voz en OFF que dice: "En unos minutos procederemos a cerrar la Casa-Museo. Vayan abandonando el edificio. Muchas gracias".

OTRA: *(Cogiéndola por el brazo).* ¡Vamooos, vámonos ya! Y suelta ese papel, que nos van a pillar. ¡Qué manía de andar tocándolo todo!

UNA: *(Soltándose de OTRA)*. Déjame. *(Va hacia la mesa de escritorio y coge una de las lámparas para poner al trasluz el papel con la carta)*.

OTRA: *(Un poco sobresaltada)*. ¿Qué haces? *(Más nerviosa)*. A ver si vas a quemar algo. ¿Es que no puedes estarte quieta?

UNA: *(Triunfante)*. Es auténtica.

OTRA: ¿Cómo dices?

UNA: *(Acercándole la lámpara y el papel)*. ¿Ves esta marca de agua aquí abajo?

OTRA: *(Sin poner demasiado interés, un poco soez)*. ¡Yo no veo *na*!

UNA: *(Con paciencia)*. Aquí abajo... a la derecha... esta marca pequeñita...

OTRA: *(Sigue sin interés)*. Que no veo *na* te digo. Y deja la lámpara y el papel, que vas a formar un estropicio.

UNA: *(Soltando la lámpara y el papel sobre el escritorio, se ríe un poco de OTRA)* Cuando te pones en que no, que no y que no... no hay manera contigo. *(Colocando con mucho cuidado, casi con veneración, el papel en el sitio exacto donde se encontraba)*. ¡Es increíble...! Estar tocando el mismo papel que tocaran sus manos, el mismo que acariciara con su pluma...

OTRA: *(Ya muy nerviosa).* Sí, sí, muy bonito. ¿Quieres acabar de una vez?

UNA: *(Intentando tranquilizarla, sin conseguirlo).* No te pongas nerviosa...

OTRA: *(Reivindicándose).* Yo no estoy nerviosa.

UNA: *(Riéndose).* Claro, claro.

OTRA: *(Se justifica).* Es que no me parece normal lo que estás haciendo. No era yo la que quería hacer esta visita.

UNA: Pero has venido.

OTRA: He venido pero no quería venir.

UNA: *(Incrédula).* ¡Venga ya...!

OTRA: *(Duda primero).* Bueno... quería venir... pero no.

UNA: ¿En qué quedamos, que sí o que no?

OTRA: *(Vuelve a justificarse).* Tenía mucha curiosidad, la verdad... Pero la entrega del trabajo de fin de carrera...

UNA: La entrega del trabajo aún queda lejos.

OTRA: No creas...

UNA: *(Irónica)*. Y aquí sacarás más cosas en claro que en todos esos sitios donde buscas las cosas...

OTRA: ¿Cómo?

UNA: *(Acabando su frase)*. ...y de donde se copian todas las cosas...

OTRA: *(Defendiéndose)*. He tenido que leer muchos libros...

UNA: Mujer, no esperaba menos.

OTRA: ¿Entonces?

UNA: Entonces... *(Se detiene)*. Dejémoslo estar...

OTRA: No, ahora no lo dejes ahí. Dime... habla... lo que sea... pero deja ya la ironía para otra ocasión.

UNA: Ya sabes... *(Se detiene de nuevo)*. lo que pienso de la universidad.

OTRA: Pues, no, no lo sé... *(Se cruza de brazos, esperando una respuesta. Pausa)*. Vamos, a qué esperas...

UNA: Cuando yo estudiaba...

OTRA: *(Sin dejarla acabar la frase, muy irónica)*. ¡Huy, sí...! Que de eso hace... por lo menos... ¿cinco años?

UNA: *(Dolida)*. No te burles.

OTRA: *(Adelante con la ironía, finge y engola la voz)*. Es que en mis tiempos... Es que hace... *(Resaltándolo con los cinco dedos para continuar con la burla)*. cuando nosotras estudiábamos...

UNA: Serán solo cinco años, pero yo noto unos cambios que no creo que vayan a ninguna parte.

OTRA: *(Razonándolo)*. Lo mismo que dirían de vosotras las que llegaron unos años antes a la facultad. *(Se para en seco)*. ¡Ah, no, perdona... *(Ahora muy hiriente)*. que tú no llegaste a acabar. Que te fuiste con tus padrecitos porque no te gustaba... *(Recalcándolo)*. el asunto...

UNA: *(Da un paso atrás porque el dardo ha dado en la diana. Muy ofendida, tras larga pausa)*. No creo que sea...

OTRA: *(Sin bajarse de la ironía, sigue ahondando)*. ¿Necesario...?

UNA: *(Muy triste, al punto de las lágrimas, se aleja con la frase hacia atrás y se pone a acariciar la maleta y el baúl)*. No, no lo creo.

OTRA: *(Mira hacia otro lado y va hacia el maniquí de la derecha y empieza a acariciar el vestido azul un poco arrepentida. Larga pausa)*. Lo siento... *(Mira de reojo a UNA para ver el efecto que surten sus palabras. UNA ni se inmuta)*. Lo siento... *(Tras otra pausa, al ver que UNA se gira)*. Si he de ser sincera, fuiste tú la que me inspiró, la que me animó con la filología. *(Al ver que*

UNA empieza a sonreír levemente, va hacia ella muy despacio y, finalmente, se cogen de las manos). La que me abrió las puertas a la literatura... La que me descubrió el mundo intrincado...

UNA y OTRA: *(A CORO, acabando la frase como una letanía aprendida).* hondo, misterioso... oceánico de Emily Dickinson... *(Se paran un segundo para seguir con el juego).* ...la más grande poeta en lengua inglesa. *(Se ríen con ganas de su juego y acaban abrazándose).*

OTRA: *(Saliendo del abrazo, va hacia el centro, nerviosa).* ¡Tenemos que irnos!

UNA: *(Melosa).* ¿Ahora?

OTRA: *(Hace como que se asoma, por la derecha, a la puerta).* Lo mismo ya han cerrado y todo.

UNA: *(Irónica).* ¿Seguro?

OTRA: ¡Pues claro!

UNA: ¿Sin pasar por esta habitación para ver si aún queda alguien dentro?

OTRA: *(Justificándose).* Había muchas visitas esta tarde... A lo mejor...

UNA: *(Va hacia ella, flirteando un poco).* A lo mejor los vigilantes tienen una aventura y se quedan aquí al cerrar para revivir como amantes...

OTRA: *(Sigue nerviosa).* ¡Por favor, déjate de películas!

UNA: *(Acabando la frase).* ...las pasiones que se vivirían en esta casa...

OTRA: ¡Y dale!

UNA: *(Soñadora, baila con sus palabras).* ...en las paredes... en el aire de este cuarto flotan, están escritas miles... millones de palabras que acarician los cuerpos. ¿No lo notas?

OTRA: *(Girándose).* ¡Que no!

UNA: *(Cada vez más ensimismada, vuelve a la mesa y rebusca entre los papeles).* Es inevitable no sentirlo. Respira y notarás por dentro la sensualidad y el deseo detrás de cada letra... la imantada carnalidad del amor.

OTRA: *(Aunque sigue nerviosa le hace gracia la actuación de UNA y ahora se gira de nuevo para verla y escucharla. Riéndose).* Estás como una cabra...

UNA: *(Coge un papel).* Escucha, escucha con atención. *(Lee el poema con su título y lo hace de manera cada vez más sensual).*

NADIE TOQUE

NADIE TOQUE de esta luz la cadencia

es la tarde
que se acuesta lenta y gruesa y polvo

cansada de haber visto los desiertos
naranjas todos que este mundo alumbre
donde el cielo arde y al pronto sin permiso
se transforma en el más verde de todos
aquellos verdes que pensar pudieras
para hacerte del aroma partícipe
del frío que nos traen estas noches:

Y entonces llego a tu cuerpo en sueños
como a un valle de lagos y de sábanas
en las manos apretadas que se abren
un puñado de lirios negros de agua.

UNA permanece en silencio mirando a OTRA, sonriendo, con gesto triunfal.

OTRA: *(Que se queda muy sorprendida, con la boca abierta).* ¡Madre mía!

UNA: *(Saboreando el triunfo).* ¿Qué? ¿Qué te parece?

OTRA: Me parece bellísimo.

UNA: Y destila una sensualidad impropia de una mujer de su tiempo.

OTRA: Exacto. ¿Tú crees que lo publicaría?

UNA: Nadie se lo permitiría. Ni siquiera su propia familia.

OTRA: Es cierto. A veces dudo si no tendría también algunos problemas para que apareciera en un libro.

UNA: Se publicaría, pero la crítica enseguida lo encasillaría en la literatura erótica.

OTRA: Y viniendo de la mano de una mujer...

UNA: *(Encogiéndose de hombros)*. Imagínate.

OTRA: Imagínate tú escribiendo eso.

UNA: *(Con sonrisa amplia)*. A mí me llamarían para la Semana del Porno.

OTRA: *(Riéndose ampliamente)*. Para el Porn Poetry Festival.

UNA: *(Disfrutando, simula la escena)*. ¿Te imaginas? Habría que recitar con liguero en deshabillé.

OTRA: *(Hace la pantomima de ponerse sensual muy falsamente. Va hacia UNA, le quita el papel del poema y la rodea con sus brazos para acabar recitando muy cerca de sus labios)*.

Y entonces llego a tu cuerpo en sueños
como a un valle de lagos y de sábanas
en las manos apretadas que se abren
un puñado de lirios negros de agua.

UNA: *(Cree que OTRA va a besarla y, al principio, muestra sus labios, pero luego se siente incómoda y se escapa del abrazo recuperando el papel).* Trae, ¿no decías que no lo tocáramos? *(Vuelve a dejarlo cuidadosamente como estaba en el escritorio).*

OTRA: *(Que no se ha enterado, o no se ha querido enterar, de lo que acaba de ocurrir, vuelve a asomarse, por la derecha, hacia la puerta).* Bueno, venga, vayámonos de una vez. *(Se detiene a escuchar).* ¿Lo has oído? Ha sonado la puerta de abajo.

UNA: *(Mirándola sonriendo).* Ya...

OTRA: Corramos antes de que se vayan.

UNA: *(Irónica).* ¿Por...?

OTRA: *(Que entiende el significado de la pregunta).* No, ¿eh? No...

UNA: ¿Por...?

OTRA: *(Nerviosa).* Que no, ¿eh? Que no y que no...

UNA: *(Sin parar de sonreír va hacia ella y la lleva, muy dulcemente, de un brazo para sentarla en la mecedora que hay en la parte trasera en el centro del escenario).* Que sí... Que sí... Ya verás como sí...

OSCURO TOTAL

SEGUNDO ACTO

Sube poco a poco la luz e ilumina toda la estancia. OTRA está sentada en la mecedora y UNA, de pie, a su lado, mirando al frente, como posando para una fotografía antigua durante unos segundos. Pasado ese tiempo, empiezan a moverse como si nada. UNA va hacia la mesa y rebusca, de nuevo, entre los papeles.

OTRA: ¿Cuántas veces voy a decirte que dejes de enredar?

UNA: *(Muy interesada en lo que ha encontrado, no parece hacer mucho caso a OTRA).* Ahora nadie nos molestará.

OTRA: *(Se levanta).* De eso nada. Tendremos que llamar a alguien para que nos saque de aquí...

UNA: *(La detiene levantando la mano).* ¡Calla!

OTRA: *(Va hacia ella).* ¿Qué?

UNA: *(Enseñándole el papel).* Mira esto.

OTRA: *(Lo coge en las manos).* No, por favor, otro poemita no.

UNA: No es "otro poemita". Mira, es una canción...

OTRA: ¿Una canción?

UNA: Sí, pero no una canción cualquiera...

OTRA: ¿Cómo?

UNA: Léela en voz alta.

OTRA: ¿Para?

UNA: Tú léela.

OTRA: *(Lee en voz alta los cuatro primeros versos).*
Unos dicen que soy ajena
tarada extraña sin rumbo
goleta triste sin mapa
de tierra de mar del mundo.

UNA: ¿A qué te recuerda?

OTRA: *(Muy sorprendida).* La letra a nada, pero la música de las palabras al decirla... *(Mira a UNA con los ojos muy abiertos).*

UNA: *(Asintiendo con la cabeza).* ¡Exacto!

OTRA: *(Que aún no se lo cree).* ¡Es la música de nuestra canción...! *(Mira a UNA y esta la invita a cantarla con la mirada. Primero se niega con un movimiento de cabeza, pero UNA insiste. Suena la música. Empieza balbuceante con el título y los primeros versos y luego se suelta. Durante la canción, UNA aparta la silla y se sienta a escuchar).*

MELODÍA DEL PÁJARO DE LAS MIL Y UNA LENGUAS

Unos dicen que soy ajena
tarada extraña sin rumbo
goleta triste sin mapa
de tierra de mar del mundo
varada en una ventana.

Otros dicen que me muero
día tras día y el remedio
no se encuentra en las farmacias
que solo quiero el consuelo
de las flores su fragancia.

Yo soy el pájaro sinsonte
que sabe todos los cantos
aquel de pobre plumaje
que silba en todas las lenguas
misal de todos los santos
el cielo el infierno y el paje
de aquellos que hablan sin mengua.

Unos dicen que ando sola
por la noche por mi cuarto
que me visto como novia

y hablo alto blanco y claro:
luna presa en una noria.

Unos dicen que soy ajena
otros dicen que me muero
unos dicen que ando sola
todos dicen que estoy loca
nadie sabe que me sueño.

Yo soy el pájaro sinsonte
que sabe todos los cantos
aquel de pobre plumaje
que silba en todas las lenguas
misal de todos los santos
el cielo el infierno y el paje
de aquellos que hablan sin mengua.

Unos dicen que soy ajena
otros dicen que me muero
unos dicen que ando sola
todos dicen que estoy loca
nadie sabe que me sueño.

UNA: *(Aplaudiendo).* Es... ERES increíble...

OTRA: *(Falsamente modesta. Le da el papel a UNA, que
vuelve a colocarlo en su sitio).* No será para tanto.

UNA: Es para tanto y más... Siempre me encantó esa

canción... *(Se emociona y no puede acabar la frase)*. Pero con esta letra...

OTRA: *(Igual de emocionada)*. No es tan pueril, tan inocente como la nuestra. Es como si me conociera... como si nos conociera profundamente...

UNA: El mismo sentimiento... punto por punto...

OTRA: *(Duda)*. No sé... ¿después de siglo y medio?

UNA: No hemos evolucionado... nada. Una mujer es una mujer, aquí, ahora y en la Grecia clásica del siglo V a.C.

OTRA: *(Juguetona)* ¿Y un hombre...?

UNA: *(También jugando)*. Un hombre es un hombre... aquí, ahora... *(Pausa más larga)*. y en la Grecia clásica del siglo V a.C. *(Se ríen juntas con ganas)*.

UNA se va riendo hacia la maleta y el baúl mientras OTRA la sigue con la mirada. De rodillas, UNA abre la maleta.

UNA: *(Mientras busca)*. Vamos a ver qué hay por aquí.

OTRA: ¿No vas a parar, verdad?

UNA: *(Saca un cuadernillo de hojas cosidas a mano con una cinta roja)*. ¡Dios mío de mi vida!

OTRA: ¿Qué es eso...?

UNA: *(Lo hojea rápidamente)*. Si no me equivoco... *(Se detiene en uno de los poemas)*. los poemas de Emily Dickinson.

OTRA: No puede ser.

UNA: *(Enseñándoselo)*. Pues este viene firmado y todo, así que...

OTRA: ¡Bah! Eso es atrezo... Se usa en todos los museos del mundo para dar el pego.

UNA: *(Le pone el cuadernillo delante de la cara)*. Pues si esto es un documento de pega... qué quieres que te diga... yo, quiero creérmelo... *(Va hacia el centro y se sienta en posición de loto sobre la alfombra)*.

OTRA: *(Mientras retira la mecedora hacia atrás, conciliadora)*. A ver, no te enfades...

UNA: Trae una de las lámparas, por favor.

OTRA: *(Obedece y se sienta a su lado copiando la posición. Pausa larga mientras observa cómo UNA escudriña el documento con la lámpara. Rompiendo el hielo... y el clímax)*. ¿No iremos a hacer espiritismo...?

UNA: *(Le hace gracia la ocurrencia. Luego, lee en voz alta)*.

DICEN DE MÍ

Dicen de mí que guardo la manzana
de Adán en la garganta que en mis manos
se ocultan siglos de sangre y tiniebla
de sudor frío y fiebre ansia y miedo temblor.

Dicen de mí que guardo los saberes
de muchos por sus libros y que ahora
son mis libros porque hablan en mi piel
y vuelan como el aire que procura mi aliento.

Dicen de mí que tengo que mirar
esta otra forma de estar en el mundo
caminar erguida así como erguido
camina aquel que quiere saberse un hombre entre hombres.

OTRA: *(Que ha estado muy atenta y sorprendida,*
le arrebata el cuadernillo y continúa con el poema).

Dicen de mí que tengo que cuidarme
de no andar vecina de las mujeres
ni oír ni atender sus conversaciones
no sea que caiga ahí donde la brea y el barro.

Y yo digo también todo eso y más
pues otra cosa no querría yo

ser sino hombre y mujer como se es a un tiempo
viento sol y crepúsculo
como se es a un tiempo fiel a naturaleza.

UNA: *(Que se siente triunfadora, suelta la lámpara sobre la alfombra).* ¿Qué? ¿Qué te parece?

OTRA: *(Devolviendo el manuscrito).* Me parece... que no lo entiendo...

UNA: Pues yo creo que está muy claro...

OTRA: *(Reivindicándose, remeda la voz de UNA).* A ver, sí entiendo el poema... no soy tan tonta.

UNA: ¿Entonces...?

OTRA: Lo que no entiendo es por qué una mujer como Emily, si todo el mundo dice... tan avanzada a su tiempo... tan feminista...

UNA: ¿Sí...?

OTRA: *(Acabando la frase).* ...diga que no quiere andar cerca de las mujeres... ni oír sus conversaciones... o que quiera ser hombre y mujer a un tiempo...

UNA: No lo veo así...

OTRA: Y cómo lo ves entonces... *(Se cruza de brazos. Irónica).* Ilústranos con tu sabiduría...

UNA: Yo creo que lo que quiere decir es que la educaron como hombre... No para que dejara de ser mujer -para que fuera un hombre- sino para que pensara como ellos.

OTRA: Pues vaya...

UNA: *(Un poco contrariada, se vuelve más vehemente para que la entienda)*. Por eso, quizás no soporta la actitud de muchas mujeres aunque, en realidad, ni por un segundo, jamás, ha dejado de sentirse mujer.

OTRA: *(Concede)*. Visto así...

UNA: Decía Mary Shelley, siguiendo a su madre, Mary Wollstonecraft,... ¿Las conoces?

OTRA: ¡Que sííí...!

UNA: Decía: "No deseo que las mujeres tengan poder sobre los hombres, sino sobre ellas mismas". Por eso tenemos que cuidarnos nosotras... *(Le acaricia la cara y OTRA sonríe haciendo lo mismo)*.

OTRA: *(Asintiendo)*. Estar al tanto... unas de otras... estar presentes... siempre... recordarnos... siempre... si una falta...

UNA: *(Mientras busca algo en el cuadernillo)*. ¿Conoces a escritoras de la antigüedad... ? ¿A Safo, a Eumetis?

OTRA: *(Con algo de vergüenza)*. Algo he leído...

UNA: *(Protestona)*. ¡Ay, la universidad...!

OTRA: No empecemos...

UNA: *(Como ida)*. *Préstame tu voz.*

OTRA: ¿Perdona?

UNA: *Préstame tu voz...* Es una inscripción funeraria grecolatina.

OTRA: Un poco tétrica ¿no?

UNA: *(Se ríe)*. No te está invitando el muerto desde la tumba, mujer.

OTRA: *(Sonriendo)*. Yo también soy un poco peliculera...

UNA: *(Explicativa)*. Te pide..., el muerto, que le pienses... que esa será su forma de vivir...

OTRA: *(Rematando la frase)*. ...al menos en tu espíritu.

UNA: *(Triunfante)*. ¡Exactamente!

OTRA: *(Soñadora y dándose su golpe de importancia)*. *Préstame tu voz...* así podría comenzar un epitalamio sáfico.

UNA: *(La mira y se sonríe antes de recitar, mirando e iluminando al público con la lámpara, muy emocionada)*.

Ven, *préstame tu voz*
hazme en ti presa de tu rojo aliento
hazme carne en el azul de tu carne
tenme viva mientras tú verde vivas
amor así yo plena cuando tú
me pienses y me digas
en la lengua de todos los colores
amor así yo plena.

OTRA: *(Con los ojos muy abiertos).* ¿Y eso? *(Mientras UNA se encoge de hombros, incrédula).* Lo has leído...

UNA: *(Complacida y vergonzosa).* No...

OTRA: Síí... lo has leído... *(Intenta quitarle el cuadernillo, pero UNA no se deja).* Dime dónde lo has leído...

UNA: ¡Que no! ¡En ninguna parte!

OTRA: ¡No me digas que...!

UNA: *(Asintiendo con la cabeza).* Ya ves, dejé mis estudios pero me puse a escribir...

OTRA: Como Emily Dickinson.

UNA: *(Vergonzosa, riéndose).* ¡Quite usté allá, quite usté allá...!

OTRA: ¡Cuenta, cuenta!

UNA: *(Escapándose)*. Ahora no hay tiempo. *(Se levanta enérgicamente, deja el cuadernillo y la lámpara sobre el escritorio y vuelve de nuevo a las maletas. Ahora empieza con el baúl. Como cantando)*. A ver qué tenemos por aquííí...

OTRA: No, por favor, las maletas otra vez, no... *(Se levanta. Como no puede ver lo que hay dentro por el cuerpo de UNA, muy curiosa)*. ¿Qué hay? ¿Qué hay?

UNA: *(Tapando con cuerpo y brazos la maleta)*. Nada... ahora no hay nada...

OTRA: No seas tonta, déjame ver.

UNA: *(Muy teatral)*. ¡Tachááánnn...! ¡Unos zapatos...

OTRA: *(Decepcionada)*. ¡Buah...!

UNA: *(Repitiendo el juego, consigue llamar de nuevo la atención de OTRA)*. ¡Tachááánnn...! ¡Otros zapatos...!

OTRA: *(Que no le ha gustado la broma)*. ¡Eres tonta, niña!

UNA: *(Triunfal, se ríe a carcajadas. Coge un par)*. ¿Cuáles te gustan?

OTRA: *(Sigue enfadada y se cruza de brazos)*. ¡Ninguno! ¡Son horribles!

UNA: *(Se prueba un par)*. Tú misma... *(Anda por todo el escenario, muy exageradamente, como si de un pase de modelos se tratara. Imita la voz de un presentador de ese desfile)*. La señorita Emily Dickinson lleva un par de zapatos estilo imperio con borlas victorianas y tacón medio...

OTRA: *(Ante la pantomima, se le pasa el enfado, se ríe... y se pone el otro par. Comienza a imitar a UNA por el escenario)*. La señorita... *(Mira a UNA buscando su aprobación en la mirada y esta se la da)*. La señorita Susan Gilbert porta un par de chapines estilo *Josephine* traídos expresamente de *Paris, la France*.

Ambas se mueren de la risa.

OSCURO TOTAL

TERCER ACTO

Sube poco a poco la luz e ilumina tenuemente la estancia. UNA se quita los zapatos y los coloca a los pies del vestido blanco que hay colgado sobre el biombo. OTRA la mira y hace otro tanto bajo el vestido azul que viste el maniquí situado a la derecha.

OTRA: *(Después de soltar los zapatos. Sonriendo)*. No te vas a escapar.

UNA: *(Ignorándola)*. ¿Escaparme...?

OTRA: *(Yendo hacia ella)*. No te me vas a escapar.

UNA: *(Cogiendo el cuadernillo para disimular)*. Yo no quiero escaparme a ninguna parte. Aquí estoy divinamente...

OTRA: *(Abrazándola por detrás)*. Lo de escribir...

UNA: *(Melosa)*. ¿Lo de escribir...?

OTRA: Sí, lo sabes perfectamente... Quiero que me expliques...

UNA: ¿Qué quieres saber...?

OTRA: *(La invita a llevar la mecedora al centro del escenario y luego se sientan, la OTRA en el regazo de la*

UNA). Todo... quiero que me cuentes todo. ¿Cuándo empezaste...? ¿Por qué...? ¿Qué cosas has escrito...? ¿Para qué lo haces...? ¿Para quién lo haces...?

UNA: Demasiadas preguntas. Y todas tienen ya su respuesta...

OTRA: ¿Cómo que tienen ya su respuesta? Eres mi mejor amiga y yo no sabía nada...

UNA: Pues deberías...

OTRA: ¿Debería...? Si jamás me has dado a leer nada...

UNA: ¿Tú crees...?

OTRA: *(Repasando mentalmente).* A ver... me has mandado cientos de poemas...

UNA: Y cartas...

OTRA: Y cartas...

UNA: Y canciones...

OTRA: Y canciones... Pero siempre pensé que eran... de las autoras esas... que a ti tanto te gustan... para ayudarme... para inspirarme... para animarme con los estudios y los trabajos que he ido haciendo...

UNA: Pues... objetivo conseguido...

OTRA: *(Un poco contrariada)*. No puedes decirme eso ahora... *(Mira a UNA y esta asiente con la cabeza)*. Esos textos... he sentido respeto y adoración por ellos...

UNA: ¡Ah! ¿y ahora no?

OTRA: Creí que había decenas de autoras anónimas detrás esas palabras tan sentidas.

UNA: *(Con media sonrisa, como pidiendo perdón)*. Supongo que, tras tu decepción, debería decir que me alegro un poco por la parte que me toca...

OTRA: *(Casi rogando)*. Ni siquiera... ¿lo de Emily Dickinson...?

UNA: La estudié tanto... me metí tan de lleno en su obra... escudriñé tanto en su alma que me pareció vivir su misma vida... Y empecé a escribir... a escribirte... para sentir como ella... para sentirme... para sentirte...

OTRA: *(Se levanta de la mecedora un tanto airada)*. ¿Y las cartas...?

UNA: Todas...

OTRA: *(Se va hacia la derecha y allí se cruza de brazos, como enfadada)*. ¿Y las canciones...? Pensé que eran de esos cantautores de los que tanto hablas... Incluso les puse música a algunas para cantártelas...

UNA: ¿Te imaginas para quién las escribí?

OTRA: *(Suena la música y UNA hace un gesto para animarla a cantar. OTRA, al escuchar la música, tras un mohín, decide hacerlo).* ¿Todas... ? ¿Para mí... ? *(UNA asiente y OTRA empieza a cantar. Irá recorriendo los objetos de la habitación y, con el estribillo final, se sentará en el regazo de UNA, ahora con los pies en el suelo para mecerse ambas con la música).*

NANA DE LA CASA

La casa respira silencio
camina descalza y se llena
de pechos que buscan un cuerpo
donde no se encuentre la pena.
.
Confía en mis brazos mi vida
y olvida las voces de dentro
martillos que quiebran cristal.
Verás que muy pronto se marchan
y el sueño te mece en su barca
te aleja del miedo del mar

Los cuartos se tornan oscuros
de luces que pintan tristeza
que llegan rompiendo ventanas
y violan el blanco pureza.

Confía en mis brazos mi vida
y olvida las voces de fuera

saetas que rasgan la carne.
Verás que muy pronto se marchan
y el sueño te mece en su barca
te cura de males la sangre

La mesa se va por su cuenta
pasea muy sola el pasillo
y mira con sorna bermeja
de cinco gorriones su silbo.

Confía en mis brazos mi vida
y olvida de negro a los hombres
esclavos de negros *decires.*
Verás que muy pronto se marchan
y el sueño te mece en su barca
te cuida de tantos *mentires.*

*OTRA se queda muy triste después de escucharse. Tras
una pausa, se levanta y va hacia la derecha.*

UNA: ¿Qué te pasa? *(Se levanta de la mecedora).*
¿Dónde vas?

OTRA: No sé... me he emocionado.

UNA: ¿Por... la canción? Si me la has cantado... qué
sé yo... cientos de veces...

OTRA: Quizás es la primera vez que pienso en la
letra... Es... tan tuya... Todo es... tan tú...

UNA: También es muy tuya, no te olvides.

OTRA: ¿Me contarás al menos cuándo empezaste a escribir?

UNA: *(Larga pausa en la que va hacia el escritorio y se sienta en la silla. Hojea con algo de desgana el cuadernillo. Luego lo suelta y empieza el poema, como de memoria).*

Recuerdo ahora mismo con asombro
una mañana muy otra muy lejana
de mis siete años cuando la luz.
Caminaba junto a mi hermana entonces
los niños iban solos a la escuela
y aspiraba el aroma de la luz sobre el campo.
Me parecía tan distinta a aquella
que el sol nos regalaba los domingos
tan limpia y abril que pensé que quizás
se debiera a ser una luz de diario
que escogía ella sola entre los pocos
afortunados que tuvieran tiempo
de detenerse en calma y disfrutar.
Mi hermana protestaba con paciencia
cuando me paraba de tanto en tanto
subyugada ida "como atontada"
me decía de mirarlo así todo
como el que pone los ojos en blanco

y mira muy fijo a ninguna parte
para poner un pie al pie de la memoria.
(Al público).
Me prometí entonces que algún día tal vez
debería tener tiempo y parar
a beberme la luz de diario y ser
aquella niña de mirada blanca.
Han pasado los años y he podido
detener los relojes de la casa
en la hora exacta del amanecer
para estar preparada y recibir
a la mañana de cuando la luz
si bien al poco adiviné que no
que de hoy en adelante
viviría cegada por luces de domingo.

OTRA: *(Que se queda extasiada con el poema. Recita de memoria).*

Han pasado los años y he podido
detener los relojes de la casa...
Otra vez la casa... Fíjate que he llegado a pensar que ya habíamos estado aquí antes... las dos juntas...

UNA: *(Se levanta).* Yo también lo he pensado...

OTRA *va hacia el vestido azul sobre el maniquí de la derecha y lo acaricia.*

UNA: ¿Quieres que te ayude?

OTRA: *(Vergonzosa)*. ¿El vestido...? ¡Nooo...! No podría...

UNA: *(Va hacia ella y descuelga el vestido del maniquí)*. ¿Ponértelo? ¿Por qué no? Si te sentará como un guante. *(Al ver que OTRA sonríe y se sonroja)*. Además, lo estás deseando.

OTRA: *(Un poco incómoda)*. Que no quiero...

UNA: *(Peleándose con el traje)*. ¡A veeer...! *(Empuja suavemente a OTRA hasta colocarla detrás del biombo)*. Que sí, mujer... ¿De qué tienes miedo?

OTRA: *(Dejándose hacer)*. Ahora mismo, de ti. No dejo de pensar en qué pasaría si nos vieran.

UNA: Nadie puede vernos. *(Vuelve al maniquí y le acerca los zapatos)*. Además, tú lo has dicho... Ya hemos estado aquí antes... ahora esta casa... esta habitación nos pertenece...

OTRA: *(Le hace un gesto para que le abroche el vestido)*. Ya estamos otra vez fabulando...

UNA: *(Vuelve al centro de la escena y retira hacia atrás la mecedora. Va hacia el escritorio y empieza a jugar con el globo terráqueo)*. El mundo no es como es... sino cómo lo imaginamos... Lo que está ahí fuera no existe... Tan solo existe en el modo en que lo configuramos... *(Se gira señalándose la cabeza).* aquí dentro...

OTRA: *(Hace el ademán de salir del biombo y espera la orden gestual de UNA).* Lo que tú digas. *(Sale y se va al centro de la escena muy vergonzosa).*

UNA: *(Absolutamente cautivada por la visión).* ¡Susan...! Mírate... *(Va hacia ella y la hace girar sobre sí misma).* ¡Qué maravilla...! ¿Escuchas el aire de este vestido? El silbo azulado de las ballenas...

OTRA: *(Azorada).* ¿Te estás oyendo?

UNA: *(Juguetona, vuelve a hacerla girar para recogerla en sus brazos por detrás).* Mi paloma turquesa... Mi paloma turqué... allende los bosques de laurisilva... mi soñada Canarias...

OTRA: *(Se siente un poco incómoda por el abrazo y la cercanía de sus bocas y se escapa yendo hacia el vestido sobre el biombo).* ¡Venga, ahora tú!

UNA: ¡Ni lo sueñes...!

OTRA: ¡Vamooosss...! *(Remedando lo que antes dijo UNA).* Si te sentará como un guante. *(Al ver que UNA sonríe y se sonroja).* Además, lo estás deseando.

UNA: No soy ningún monito de feria.

OTRA: *(Yendo a por ella y llevándola por el brazo).* Y yo sí, ¿no?

UNA: *(Dejándose hacer, tras el biombo, intenta ser zalamera).* Tú eres mi monita... rebelde... que no se deja hacer... como los caballos salvajes de los indios...

OTRA: *(Mirándola detrás del biombo).* Este color... no sé, no sé...

UNA: *(Muy grave).* Es por la muerte de mi padre...

OTRA: Ahora sí que me he perdido.

UNA: *(Más grave todavía, sale del biombo).* ¡Ahora es cuando estoy verdaderamente de luto...!

OTRA: *(Cuando ve a UNA saliendo, ya vestida, no puede evitar exclamar).* ¡¡¡Emily...!!! Eres la lavanda blanca de nieve...

UNA: *(Como en una aparición, con los brazos abiertos, la luz cenital blanca caerá sobre su cabeza).*

Yo soy la dama de Shalott
y estoy cansada de las sombras...
y tú eres
mi espejo roto, mi torre, mi lago
y mi Lancelot...

OTRA: Me estás dando un poco de miedo...

UNA: *(Coge el espejo de la mesa y entra en trance. Va andando por todo el escenario en sentido inverso a las agujas del reloj para detenerse, en dos ocasiones, frente al público).*

Yo no soy yo, Emily.
Tampoco de mi padre o de mi madre.
No tengo familia, casa ni sitio
donde sentarme a comer o dormir.

El jardín no me pertenece ya.
La valla se ha marchado sin pintar
a otra calle donde el sol luzca solo
con mirarlo a la cara.
(Al público).
Ahora no voy a la iglesia, la iglesia
está llena de gente que no piensa
como piensa este yo que no soy yo
y se aleja del cuerpo.

Subo alto muy alto y miro desde arriba
pero no reconozco mi ciudad:
el arroyo, las montañas o el mar
tan solo son colores en un mapa

con nombres arañados en los libros
de una lengua ignorada por los hombres,
que de siempre miraron al cielo suplicando
colmar el agujero sediento de sus bocas.

Yo no soy yo, Emily.
Vivo extranjera en esta tierra plana
hostil para con los que como tú
vienen del espacio de Poesía.
(Al público).
Mi único deseo ahora se afana
en ser digna de tu nombre, que llegues
en la madrugada -calladamente-
como llega el aroma de la rosa de invierno

y seas en mí siempre:
una y Emily -juntas-
y abrazarnos
en silencio
y conjugar los verbos que articulan
el aire contenido en el espacio
macilento
de tristeza
de tristeza
de tristeza
de tristeza.
(Se desmaya y OTRA la recoge antes de caer).

OTRA: *(Muy asustada, la sienta en la silla).* ¡Santo cielo, querida! ¿Qué te pasa? *(Mirando hacia todos lados, trata de abanicarla con una mano mientras la sujeta con la otra).* ¿Y ahora qué hago yo? ¿A quién puedo avisar...? *(Nerviosa, empieza a regañarla).* Esto pasa por lo que pasa... Yo, seré bruta, no digo yo que no... pero es que tú... burra, burra y burra... la cabeza como un sesmero... Y luego eso... tristeza, tristeza y tristeza... ¡Qué ansia, hija mía...! Ni su poquito de gracia ni nada de nada... *(Al público)*. Esta va al circo y llora con los ponis. *(Sigue muy nerviosa y empieza a darle golpes en la cara para reanimarla)*. ¿Y ahora qué hago yo...?

UNA: *(Se despierta, un poco atontada)*. Dejar que me tire al río, que dolerá menos que morir a guantazos.

OTRA: *(La mira, se levanta y se ríen las dos con ganas)*. ¡Qué susto me has dado!

UNA: *(Mirando hacia sus zapatos, que están junto al maniquí y el biombo)*. Anda, ve y recoge esos zapatos.

OTRA: *(Hace lo propio)*. ¿Qué hago con ellos?

UNA: Métalos en el *portmanteau*.

OTRA: *(Vuelve a reírse mientras va hacia el baúl)*. ¡Huy, qué fina! *(Remedándola)*. ¡*Portmanteau*...! ¡Cómo se nota que nunca has salido de esta casa...!

UNA: No me ha hecho falta.

OTRA: *(Irónica)*. Ya, ya..

UNA: *(Tocando los papeles y colocando las lámparas para iluminar el globo)*. Tengo mis libros... mis luces... mi mundo...

OTRA: Pues será por eso, por los libros... que tengas tan pocas luces y tan poco mundo que hables con esas palabras que nadie dice ni habla...

UNA: *(Ofendida).* ¿Perdona...?

OTRA: *(Huyendo de la discusión).* Bueno, bueno, aún no me has respondido para qué lo haces.

UNA: ¿El qué? ¿Disfrazarme?

OTRA: *(Riéndose).* ¡Nooo...!

UNA: ¿Escribir? Por el espejo... por los espejos...

OTRA: No entiendo.

UNA: *(Le invita con la mirada a que se siente en la silla frente al escritorio mientras le explica el proceso. Muy didáctica).* Mira, primero leo a los grandes autores que en el mundo han sido: Homero... Cervantes... Shakespeare... *(La mira inquisitiva y le pone una mano sobre el hombro).*

OTRA: *(Contrariada por su mirada).* ¡Sigueee...!

UNA: Leerlos es como estar ante un espejo... *(Dibujándolo con las manos).* Donde te ves como nunca te has visto... sola... desnuda...

OTRA: Ya, ¿y...?

UNA: *(Coge una de las lámparas, que hará las veces de espejo y se la enseña al público)*. Y luego hay que coger ese espejo y mostrárselo a los demás... para que ellos también se vean... Pero eso es la parte más difícil...

OTRA: ¿La más difícil...?

UNA: Sí, porque, además, nunca sabes si estás haciendo lo correcto... como andar dando palos de ciego...

OTRA: ¿Y entonces...?

UNA: Entonces... intuición, oficio y sentimiento. Como escritora tengo que sentir al otro, tengo que sentirme dentro del otro, de los otros, para ser yo ellos mismos, para vivirlos y entender... entenderlos y así, por fin, entenderme a mí... siquiera un poco.

OTRA: Y eso ¿de qué te sirve?

UNA: *(Sorprendida)*. ¿De qué me sirve, dices? *(Ahora, convencida)*. Me sirve... *(Corta la frase y se detiene)*. A veces, conocer la verdad... -y sobre todo sobre una misma- es doloroso... pero una piensa que, en ese conocimiento, el dolor es menos...

OTRA: ¿El dolor es menos? El dolor siempre es dolor... *(Pausa)*. ¿Te dolió menos la muerte de tu padre cuando supiste que iba a morir... cuando ya estaba muerto?

UNA: *(Un punto dolida)*. Yo no sabía de la agudeza de ese dolor, de esa punzada.

OTRA: ¿Entonces, de qué te sirvió ese conocimiento?

UNA: No lo sé... *(Pausa)*. Quiero creer que di un paso más en la comprensión del misterio de la vida, que no es otro que la comprensión del misterio de la muerte.

OTRA: ¿Y crees que así desaparece el dolor por la pérdida?

UNA: En absoluto, yo no he dicho eso. El dolor no desaparece nunca... pero el hecho de verbalizarlo, decir de él, hace que aprendas a vivir con él, no sé, a acostumbrarte a él... a soportarlo de algún modo.

OTRA: *(Tajante)*. Como vivir con un hombre, vamos.

UNA: *(Se ríe de la ocurrencia)*. Supongo que sí. *(Un poco irónica)*. Aunque tú tienes más experiencia que yo en eso.

OTRA: *(Pensándolo primero)*. Supongo que sí. Yo creo, en todo caso, que son cosas distintas. Ahí entra en juego el amor... *(Se levanta y cambia de actitud)*. Me queda una última pregunta... *(Larga pausa yéndose hacia la derecha, desde donde se gira)*. ¿Para quién escribes...?

UNA: *(Pensándoselo mucho)*. La verdad es que no lo sé. Al principio, sí, pero el tiempo me ha sembrado muchas dudas.

OTRA: ¿Por qué dices eso?

UNA: Porque nadie entiende lo que escribo.

OTRA: Lo sé... Tú escribes para otro tiempo... para la posteridad. Algún día... -espero que no muy lejano-... la gente apreciará en su justa medida tu obra.

UNA: *(Se sienta ella ahora en la silla).* No lo creo. Yo escribo, no para la posteridad, sino para el pasado. Mis versos son una conversación con los clásicos...

OTRA: ¿Estás segura?

UNA: Sí. He llegado a pensar que escribo para los muertos.

OTRA: Te encanta ponerte melodramática.

UNA: Escribo para su silencio...

OTRA: ¡Mujer, si están muertos...! *(Al público, subiendo el tono).* ¡No hay público más complaciente!

UNA se ríe de la ocurrencia y hace que las dos estallen en una sonora carcajada.

OSCURO TOTAL

CUARTO ACTO

Sube poco a poco la luz. UNA, sentada, absorta, juega con el globo terráqueo haciéndolo girar. OTRA se acerca a ella muy despacio. UNA, al verla llegar, abre uno de los cajones, saca un espejo de mano, varias horquillas, un cepillo y se lo ofrece a OTRA sin girarse con un mohín de súplica.

OTRA: *(Cogiendo el cepillo, empieza a peinarla).* ¡Qué mimosa has sido siempre!

UNA: *(Hace ruiditos como el arrullo de una gata).* ¿Qué te cuesta... Susie...?

OTRA: ¡No me llames Susie...!

UNA: ¿Susan?

OTRA: ¡Que no me llamo Susan...!

UNA: ¿Sue?

OTRA deja de peinarla como amenaza.

UNA: No, por favor, sigue, sigue... Ya lo dejo...

OTRA continua dulcemente peinándola.

UNA: ¿De qué color tienes los ojos, S...? *(Se para en seco al ver que OTRA vuelve a levantar el cepillo y empieza de nuevo)*. ¿De qué color tienes los ojos, niña? Son de color azul de Luxemburgo... Un cielo azul Luxemburgo germina... sobre tus ojos recién estrenados... como germina y se estrena la mañana...

OTRA: *(Que se siente al mando de la operación)*. Voy a seguir peinándote... No hace falta tanta lisonja...

UNA: ¡Hija, qué seca te pones cuando quieres...!

OTRA: *(Sonriéndose)*. ¿Y tú? ¿De qué color los tienes?

UNA: Los tengo del más horrible de los castaños... como mi madre. Me hubiera gustado tenerlos como mi padre...

OTRA: ¿Verdes?

UNA: Sí, pero no un verde cualquiera. *(Vuelve a acariciar el globo)*. Tenían una intensidad donde se reflejaban las aguas más profundas del Adriático.

OTRA: *(Descreída)*. Habrás estado tú muchas veces en el Adriático...

UNA: *(Que sigue a lo suyo)*. Verdes como las naranjas *siempreverdes* de mi padre... Así me hubieran gustado... *(Muy teatral)*. mortíferos para los que yo mirara o se miraran en mí... el efecto mortífero del verde Veronese...

OTRA: ¿No has pensado en escribir teatro...?

UNA: *(Un poco molesta ya)*. Tu voz esta tarde es algo crujiente... una murmuración... la murmuración de los estorninos...

OTRA: Insisto en lo del teatro.

UNA: Teatro, no, pero te he escrito una carta. *(Sacándola del otro cajón y desdoblándola)*. ¿Quieres leerla?

OTRA: Prefiero que me la leas tú.

UNA: *(Lee, y mientras lee, OTRA empieza a rematar el peinado con las horquillas)*. Querida S... *(Se para de golpe y luego continúa)*.

Déjame buscarte por este cielo
donde te miras con la incertidumbre
de un vaivén amarillo de párpados azules.

Quedas las manos y los pies descalzos
el verano se marcha
como un rugido de amapolas negras.

Listos los ojos y los brazos broncos
el otoño se acerca
como seda lluvia de sangre malva.

Tiene el naranjo una naranja sola
como fruto de su vientre leñoso
tan terco ante la posibilidad
de una muerte pactada con el sol
que valga como venganza y revancha
por la falta de riego. Yo no sé
por qué me ha dado por emparejar
los pronósticos
de lluvia con la tristeza grisácea
de estos días y acabar suponiendo
que la lluvia llegará finalmente
como pasarán estos días grises y tristes.

Esta tarde he mirado de nuevo el arbolito
y la verdad aparece soberbia
como una naranja sola que tiene
una muerte pactada con el sol.

OTRA: *(Muy pensativa tras la lectura de la carta)*. El tiempo... siempre el paso inexorable del tiempo... que nunca se detiene...

UNA: Depende.

OTRA: ¿Cómo?

UNA: Cronos y Kairós...

OTRA: ¿Perdona?

UNA: Son cosas distintas. Dos tiempos distintos.

OTRA: Eso es imposible, el tiempo es el que es...

UNA: Cronos es el tiempo objetivo, cuantificable, afilado, punzante, siempre en marcha. Por eso, si intentas pararlo, te acuchilla y te lleva con él...

OTRA: *(Buscando el silogismo)*. De ahí nuestra obsesión casi enfermiza por ese asunto... ¿Y el otro... Kai...?

UNA: Kairós. Es el tiempo subjetivo, blando, maleable, se alarga y se encoge a su gusto...

OTRA: *(Acabando la frase)*. Lento en las desgracias y veloz en las alegrías.

UNA: Justamente. Por eso yo me he olvidado de los relojes.

OTRA: Ya será menos...

UNA: ¡Créeme...! De hecho, mi padre me enseñó a leer las horas, pero nunca lo entendí.

OTRA: *(Muy sorprendida)*. No puedo creerlo. Nunca has sabido leer las horas.

UNA: Luego ya sí, pero tardé muchos años... Me daba vergüenza pedirle a mi padre que me lo explicara de nuevo. Un día comprendí el misterio de los dos tiempos... me olvidé de Cronos... y me arrojé en los brazos de Kairós.

OTRA: No sé yo si eso es tarea fácil.

UNA: No lo es... *(Soñadora).* Cuando escribo me olvido de la hora que es y, en el silencio íntimo y puro de la mañana, tras la noche insomne de tintas negras, Kairós se apodera de mí... *(Se levanta y comienza a "decir" el poema, evitando la recitación, ante la ventana con actitud extática. Un haz intenso de luz entra por la izquierda e ilumina la alfombra).*

Es la mañana trasparente y limpia
con su luz de riachuelo de cristal
cuando mucho más vecino sentimos
el sueño que no tuvimos anoche.

Y que, a cambio, el mercader trocó
la más que previsible pesadilla
por ese maremágnum de papeles
y tintas que vivo de madrugada.

Es la mañana trasparente y limpia
cuando el sol se alebra sobre la escarcha
y le dice a los pájaros que esperen
a que les toque el turno de su luz

a las ramas desnudas de los árboles.
Y entonces ha ocurrido:

un tizón colirrojo en su impaciencia
ha posado en el alféizar su silbo.

El martinete de su cola ha sido
más que suficiente para arrancarme
del regazo amapola de la muerte
en que se torna el paso templanza de mis días.

Para entonces el sol
había trepado ya por los troncos
ofreciendo su antorcha al pajarillo
que se ha llevado el temblor a una rama.

Tras él, un cielo antiguo de diciembre
ha borrado las nieblas que encenagan mis sienes
y lo he visto con nitidez quirúrgica:
(A OTRA).
En la mañana trasparente y limpia
no hay cianómetro que mida el azul
cuando sueña con el mar de tus ojos.

OTRA: *(A punto de llorar. Larga pausa tras la que coge un espejo de la mesa).* Cronos y Kairós. Ahora lo entiendo… *(Le pone a UNA el espejo para que se vea. Sonriendo, recalca el nombre).* ¿Qué tal te ves… Emily Dickinson…?

UNA: *(Muy, muy feliz).* No tan bien como tú… *(Cogiéndola por la mano la lleva a sentarse en la mecedora después de girarla y ponerla de lado)*. Ven, siéntate aquí.

OTRA: *(Protestando un poco)*. ¿Qué quieres hacer ahora?

UNA: *(Va a por la silla y la pone, respaldo con respaldo, junto a la mecedora. Se sienta cara al público)*. Ha llegado la hora de las confesiones...

OTRA: *(Que no entiende nada)*. ¿Qué dices? Cada día estás más loca.

UNA: *(Con tono apremiante)*. ¡Vamooosss...!

OTRA: *(Que ahora ya entiende el juego, se resiste primero. Luego, suspira y se rinde)*. ¡Ave María Purísima...!

UNA: *(Muy sorprendida)*. ¡Pero, qué estás diciendo...!

OTRA: *(Nerviosa)*. ¡Yo qué sé! Eres tú la que me ha liado para que hagamos... esto... sea lo que sea...

UNA: Tiene un sentido figurado.

OTRA: Pues, figúrate tú que soy un cura y que me han enseñado lo de Ave María Purísima...

UNA: ¡Es que eso, no...! En fin, sigamos.

OTRA: *(Se miran. Larga pausa)*. ¿Quééé...? ¡Que no sé qué hacer...!

UNA: *(Didáctica)*. Pregúntame lo que quieras.

OTRA: *(Otra larga pausa)*. No me sale...

UNA: *(Se levanta de la silla y va a por el cepillo y las horquillas. Se pone por detrás de la mecedora y empieza a peinarla muy delicadamente, acompañando a sus palabras, también muy delicadas)*. Tú no eres un cura... eres mi sacerdotisa... no, eres mi diosa.

OTRA: ¿Puedo preguntarte lo que quiera?

UNA: *(Un poco azorada)*. Lo que quieras.

OTRA: *(Pausa)*. ¿Por qué no publicas nada de lo que escribes? ¿Por qué lo guardas ahí... en esa maleta... en esos cuadernillos cosidos a mano...?

UNA: No me preocupa un ápice publicar.

OTRA: ¿Ápice? ¿Pero, por qué hablas así?

UNA: ¿Quieres decir que yo no hablo hodierno?

OTRA: ¿Lo ves? Ya has vuelto a hacerlo.

UNA: Yo no sé si hablo hodierno o antiguo, solo sé que esta es mi lengua... La que he creado para defenderme del ancho mundo, que me es tan ajeno.

OTRA: ¿No publicas por la hostilidad del mundo hacia ti?

UNA: No he dicho eso. Yo no soy de este tiempo...

OTRA: *(Incrédula)*. ¿De dónde eres, pues?

UNA: Quiero decir que no pertenezco a ninguna corriente, a ningún canon literario. Diría que no soy canónica... si acaso, canóniga... *(Lo piensa primero)*. No, tampoco... mejor, cananea. *(Se ríe de su ocurrencia. OTRA se echa las manos a la cabeza. UNA se pone más seria cuando parece recitar pasajes inexistentes en la biblia)*. Yo soy cananea... de la estirpe de Cam, la de los pueblos sometidos, aunque nunca aniquilados, *nunca en doma...*

OTRA: *(Que no puede creer lo que está oyendo)*. ¡Dios de mi vida! *(Con acento latinoamericano) ¡Bendisiones!*

UNA: *(Continúa con la melopea)*. Mi sangre es la misma que la que se llevaron a Poniente por el Mediterráneo, regó los campos de Tarsis y voló por las venas de la brava Anasté... *(Mira a OTRA desde arriba y ve que está absorta. Saliendo repentinamente del trance)*. Te estoy asustando ¿verdad?

OTRA: Mujer, es que solo te falta empezar a dar vueltas con la cabeza.

UNA: *(Riéndose a carcajadas)*. No me hagas caso. *(Va a por el espejo y se lo pone para que se vea el peinado)*. ¿Qué tal te ves... *(Marcando el nombre)*. Susan Gilbert...?

OTRA: *(Tocándose el pelo, ignorándola)*. No sé... de nunca has tenido buena mano para el peinado...

UNA: *(Insiste)*. ¿Puedo llamarte Susie? ¿O Sue?

OTRA: *(Se levanta y entrega el espejo tras un último vistazo. Se ve guapa)*. No sé... *(Va hacia la derecha)*. Tengo algo para ti...

UNA: ¿Un regalo?

OTRA: Sí, bueno, así puede verse... *(Empieza la música)*. Yo... escribo algunas canciones... Y también pienso en el tiempo...

UNA lleva la silla a su sitio y se sienta.

OTRA: *(Dice el título y canta)*. CANCIÓN PARA EMILY DICKINSON.

Y yo que pensé que la vida era
tan sólo un camino solo que andar
y buscar el amor entre las hojas
amarillas caídas de los árboles.

Después llegaron los otoños súbitos
impetuosos de caballos bermejos
de buscar el amor entre las hojas
desgastadas leídas de los libros.

El amor no se esconde entre las hojas
es rumor que respira por el viento.
Olvídate de libros y de árboles
y aspira de la brisa todo el aire.
Olvídate de libros y de árboles
y aspira de la brisa todo el aire.

Han venido tan pronto los inviernos
que el cuerpo se pasea tan callado.
El tiempo nada sabe de pasiones
ni sabe de alto grito enajenado.

Los años se desgastan con vivirlos
se endurecen de cuero deslucido.
El tiempo nada sabe de pasiones
ni sabe de piel con piel susurrado.

El amor sabe tanto de pasiones
que se anuncian desde los campanarios.
Olvídate del año del invierno
siente el grito en la piel de los avernos.
Olvídate del año del invierno
siente el grito en la piel de los avernos.

UNA: *(Llorando, va hacia ella y la abraza con fuerza).*
¡Diosa mía...!

OSCURO TOTAL

QUINTO ACTO

Sube poco a poco la luz. Se separan muy emocionadas del abrazo y UNA va a sentarse a la mecedora.

OTRA: ¿Te ha llegado a ti?

UNA: *(Que no entiende).* ¿El qué?

OTRA: *(Marcándolo con un gesto de la cabeza. Se sienta en la silla de confesionario improvisado).* La hora de las confesiones.

UNA: *(Reparando en ello).* ¡Ah, no! No sé...

OTRA: ¿No sabes...?

UNA: No, no quiero...

OTRA: *(Suplicando con la mirada).* ¿No...?

UNA: *(Suspira contrariada para acabar aceptando. Sonríe al repetir la escena).* ¡Ave María Purísima...!

OTRA: *(Asiente complacida).* Pregúntame lo que quieras...

UNA: *(Tras larga pausa pensando).* ¿Tú nunca sientes la soledad? O, mejor ¿cómo la sientes?

OTRA: ¡Mmhh...! Empezamos fuerte. *(UNA se encoge de hombros)*. Claro que siento la soledad... Dejé a mi familia, mi casa, mis amigas, por venirme aquí... a la *Casa Siempreverde*...

UNA: *(Rematando la frase)*. Donde esperaban mis padres... Vinnie... un marido... Espero que Austin se haya portado contigo...

OTRA: *(También rematando)*. ...razonablemente... según estamos acostumbradas las mujeres en estos días... *(Lo piensa primero)*. Aunque tu hermano... al principio me resultó difícil... sí, supongo que encontré familia, casa, amigas, marido...

UNA: ¿¡Y... a mí!?

OTRA: Eso fue diferente...

UNA: *(Un poco ansiosa, se agarra a los barrotes de la mecedora como a los de una celda)*. ¡Cuenta, cuenta!

OTRA: Nos conocemos... desde niñas... Hemos pasado mil peripecias... Nos hemos contado... lo que jamás se podría contar a nadie... Disfrutamos de una complicidad que no necesita de palabra alguna... Nos hablamos con la mirada... Nunca, nunca, nunca he llegado a semejante estado de intimidad

UNA: *(Complacida por la respuesta)*. A mí, ya lo sabes, me parece poca.

OTRA: *(Que no se da por aludida).* Discutimos a sabiendas de que, en pocos minutos, acabaremos riendo, abrazadas, para volver a discutir de nuevo.

UNA: Y así poder de nuevo abrazarnos.

OTRA: He llegado a conocerme como no podría imaginarme. Tú me has iluminado el camino.

UNA: *(Un poco gansa).* Y te he llevado por donde los baches...

OTRA: Y aún así... -me preguntabas que cómo sentía mi soledad-... te siento lejos tantas veces...

UNA: No, no, no, Susie...

OTRA: No llego a entender ese mundo que te has construido... tus libros, tu escritura...

UNA: Pero te he dado todo a leer... a nadie más...

OTRA: Te me escapas como las tardes de noviembre... Cuando creo estar cerca de tu espíritu, tú ya te has ido... a otra parte que no tiene nombre... que no aparece en tus mapas...

UNA: *(Desolada).* ¡Ay, Susan! si supieras...

OTRA: Y sigo buscándote... desesperadamente...

UNA: Si supieras cómo busco yo tu mano cuando ando a tientas por la nada...

OTRA: *(Mirando alrededor, casi llorando)*. Y luego esta habitación... que has convertido en fortaleza asfixiante... en cárcel inexpugnable... Que cómo siento mi soledad, dices... como una gran losa hecha de granito de noche...

UNA: *(Se levanta, va hacia ella, le coge la mano y se la pone en el pecho)*. Esta habitación es mi defensa contra el mundo, y solo tú conoces la altura inexistente de estas murallas de cristal. Pobre de mí, Troya desmochada. Escucha mi corazón...

OTRA: Lo escucho, pero...

UNA: Tú eres el diapasón de su compás... *(Intenta besarla en los labios, pero OTRA se escapa hacia la derecha)*.

OTRA: *(Un poco incómoda)*. ¿No respetas nada?

UNA: *(Muy enfadada, gira la mecedora mirando hacia la izquierda y se sube a ella como si fuera la proa de un barco que ella misma mecerá. Empezará hablando muy despacio para seguir in crescendo hasta el final)*. ¿Respeto...? ¿Hacia quién...? ¿Respeto por quién o por qué...? ¿El qué dirán...? ¿La familia...? ¿La iglesia, la religión...? ¿El estado...? ¿Crees que me importa...? No fui al entierro de mi padre... Mi madre está ahí al lado y me dice que soy su madre... No voy a la iglesia desde hace años... No creo en el dios creado por los hombres, sino en el Dios creador de la naturaleza porque así se nos revela... ¿Estado...? ¡Dime! ¿Un estado que manda a sus hijos a una guerra...? ¿A mil guerras...?

OTRA: *(Muy firme, también gritando).* ¡Respeto hacia ti misma!

UNA: *(Cambiando radicalmente el registro, entre calmada e irónica).* ¿Te da miedo mi amor? ¿te da miedo, mi amor? Que no alcanzo a tocarte... Manzana eres de Tántalo, querida mía...

OTRA: *(Que no se arredra ante sus palabras).* Yo sé bien lo que te pasa.

UNA: *(Tras larga pausa, se baja de la "barca" y se sienta en la mecedora).* A ver si me lo explicas, porque yo llevo TODA la vida buscándolo y no...

OTRA: No sabes lo que es el amor...

UNA: Vaya por dios. Ahora la niña recoleta y púdica nos va a explicar algo muy interesante. *(Se cruza de brazos).* Veamos pues.

OTRA: *(También se cruza de brazos muy segura de sí misma).* Te conozco bien... has amado a hombres casados... a hombres de iglesia... a Dios... *(Pausa. Ahora dubitativa).* A mujeres... que no gustan de mujeres...

UNA: *(Se levanta como un rayo y, dolida, trata de ser hiriente).* ¿Tú no gustas de mujeres? *(Se acerca mucho, hasta incomodarla).* ¿Estás segura? *(Se aleja de golpe y se coloca detrás del biombo).*

OTRA: *(Muy nerviosa).* Prefieres el amor no correspondido...

UNA: No lo había pensado... Quizás tengas razón...

OTRA: *(Se crece un poco).* Claro que tengo razón.

UNA: *(Pensando).* Quizás lo prefiera así... Sería un amor más puro, más alto... y más intenso y más libre. Sí, quizás lo prefiera así...

OTRA: *(Lleva la silla hasta el escritorio).* Pero...

UNA: No haya más peros. *Odi et amo...*

OTRA: ¿Cómo?

UNA: *Odi et amo, ergo sum.* Odio y amo, luego soy...

OTRA: No entiendo.

UNA: En esa contradicción está el motor de la vida. Odiar y amar... Perder y ganar... Y con perder, ganar en la Belleza.

OTRA: Más bien parece que no te interesan las cosas de este mundo...

UNA: Exacto, querida. Yo busco la inmortalidad.

OTRA: Pero vamos a morir.

UNA: Claro... pero yo busco la inmortalidad en vida...
Esa que procura el amor...

OTRA: ¿Y todo lo que te rodea... tu casa... tu familia...
tus libros... *(Pausa)*. yo...?

UNA: *(Sale del biombo y coloca la mecedora en su sitio
original pidiendo ayuda a OTRA)*. Escucha, querida...
Olvídate de todo eso...

OTRA: ¿Cómo puede ser eso?

UNA: *(Didáctica, va hacia el proscenio. Al público)*.
Hemos hablado de la escritura, del tiempo... de la
soledad y las soledades...

OTRA: Claro.

UNA: Bien, pues todo eso debe conducirnos hasta la
BELLEZA para, a su vez, alcanzar el AMOR *(A OTRA,
como un aparte)*. -aunque no sea correspondido-... que
es, en esencia la VERDAD ABSOLUTA, la verdadera
forma de ser libre... ¿Lo entiendes...? *(Va hacia el
escritorio, se sienta en la silla, coge una pluma y
empieza a escribir en la última página del cuadernillo)*.

OTRA: *(Muy dubitativa)*. No sé... supongo que sí...

UNA: *(Muy decidida).* Y para eso, tan solo hay una vía posible...

OTRA: *(Al verla escribir).* No, no...

UNA: *(Escribe desenfrenadamente).* La POESÍA...

OTRA: No, no... ¿qué haces? No... *(Se coloca detrás de la mesa).*

UNA: *(Empieza a leer el poema que está escribiendo).*

Era tarde muy tarde pero no
nos importó la noche que corría agitada
como las yeguas altas de los mustangs:
no había más ojos que nuestros ojos,

nadie en el mundo que pudiera abrirnos
la ventana acre de lo reprochable.
Venía la noche en fin saturada
de aquella luz tan blanca que, confiadas,

nos desnudamos sin miedo en el puente
desde donde horas antes se tiraban
los muchachos desafiando el camino
que lleva por el aire hasta la muerte.
(Se levanta, dejando el papel sobre la mesa e invita a OTRA a leer).

OTRA:
No nos importó el frío de la brisa
negra humedecida por la garganta,
bastó sólo con dejar que las manos
y la boca entibiaran los cristales...

UNA y OTRA: *(A CORO).*
...de tu cuerpo encendido en sangre viva.
No nos importó la noche y supimos
que éramos nadie y una
que éramos una y nadie y universo.
Se hace un largo silencio.

OTRA: Lamento todo el daño que pudiera haberte
causado...

UNA: *(Como en trance, se aleja hacia la derecha).* Tú
jamás podrías herirme... Yo soy la dama blanco de
plomo, que juguetea con la muerte, la reina reclusa de
nieve que, en su blancura, refleja la poesía, porque el
blanco no es un color, pero alberga todos los colores
del mundo.

OTRA: *(Empieza la música).* No sé... tal vez sirva de
algo... tal vez enjugue tu dolor... AMOR POR AMAR se
llama esta canción. *(Canta y, durante la canción, UNA
le quita los zapatos a OTRA, luego ella también se
descalza y vuelve a depositarlos en la maleta).*

Como la tarde ante los verdes
como la sal ante tu espalda
como la arena ante tu pecho
te amo a toda costa.

Como los trenes de vapor
como los vencejos al aire
como los ojos de las liebres
te amo a toda velocidad.

Como relojes sin agujas
como los ríos a las fuentes
como la anguila desnortada
te amo a contracorriente.

Como no sirven las palabras
como azules los sinsentidos
como espacio los infinitos
te amo a todo amar.

Te amo a toda costa
te amo a toda velocidad
te amo a contracorriente
te amo a todo amar.

Te amo a toda costa
te amo a toda velocidad
te amo a contracorriente
te amo a todo amar.

UNA: Finalmente, todo cobra sentido... *(Recoge el cuadernillo de la mesa y lo guarda en el baúl).*

Se oye una voz en OFF que dice: "En unos minutos procederemos a la apertura de la Casa-Museo al público".

OTRA: ¿Y ahora, qué...?

UNA: *(Tremendamente emocionada).* Susie, querida, cierra la puerta con llave.

OTRA: *(Duda al principio y luego va hacia la puerta en la derecha).* Pero, no tiene llave.

UNA: Eso no importa. Ciérrala con TU llave ¿quieres?

OTRA: *(Insiste).* Emily, te digo que no tiene llave... *(Mira a UNA y esta afirma con la cabeza. OTRA sonríe afirmativamente y hace el ademán de cerrar con una llave imaginaria).* ¡Ya está! *(Se gira).*

UNA: *(Va hacia OTRA y se encuentran en el centro del escenario).* Ahora es cuando vamos a ser completamente libres ¿lo comprendes?

OTRA: Libres para siempre...

UNA: *(Se cogen de las manos).* Y que sean otros cuerpos los que nos habiten... *(Pausa).* Me reclaman... NOS reclaman...

Se besan en los labios ardientemente y se marchan, muy despacio, a situarse, UNA con los brazos sobre el biombo y OTRA, delante del maniquí.

OSCURO TOTAL

EMILY DICKINSON, AMOR COMO LOS ÁRBOLES SE ACABÓ DE IMPRIMIR EL VEINTITRÉS DE OCTUBRE DE DOS MIL VEINTICINCO, EN ARTES GRÁFICAS REJAS, SIENDO EL IMPRESOR JESÚS MARTÍNEZ. SE UTILIZARON CARACTERES BOOKMAN OLD STYLE SOBRE PAPEL ALBOR AHUESADO DE 100 GRAMOS.